SOLFÉGES

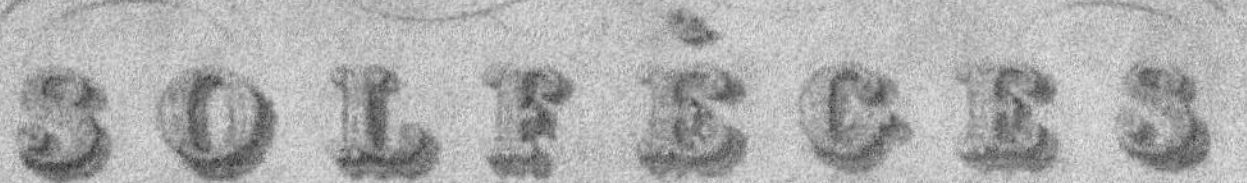

à plusieurs voix

Suivis d'un Cantique

Composés

PAR A. CHELARD

&c.

admis à l'École Royale de Musique

et dans plusieurs écoles publiques et particulières

NOUVELLE ÉDITION

Petit Format, Sans Accompagnement

PRIX 15f

à Paris

chez HENRY LEMOINE, Professeur de Piano,

Éditeur et Md de Musique, Rue de l'Échelle N.º 9

et chez L'AUTEUR, Rue de Rochechouart N.º 30.

1825

INTRODUCTION.

Le progrès de l'art musical, l'établissement d'un grand nombre d'écoles et les améliorations introduites dans l'enseignement réclamaient des ouvrages élémentaires en harmonie avec la marche des études et les modifications que le goût avoit subies depuis plusieurs années. Divers professeurs, reconnoissant cette nécessité, s'empressèrent de publier leurs systèmes et les exercices consacrés à leurs modes d'enseignement.

Cet ouvrage, conçu sous l'influence des nouvelles circonstances musicales, fut offert aux différents chefs d'école, comme auxiliaire, et présenté, non, comme une méthode, mais comme un élément susceptible de se combiner avec toutes les méthodes.

Sa physionomie particulière le fit accueillir dans des écoles dirigées d'après les systèmes les plus opposés; et après en avoir fait usage pendant trois ou quatre ans, plusieurs professeurs en ont obligeamment provoqué une seconde édition. C'est d'après leur induction et leurs conseils que cette nouvelle publication a lieu.

La suppression de l'accompagnement de piano a permis d'en diminuer le format et le prix, et en facilite l'emploi dans les classes et les réunions nombreuses.

Dans les écoles où l'on accompagne au piano, un seul exemplaire de la grande édition suffit au professeur ou à l'accompagnateur, et est indispensable, surtout pour l'exécution du cantique; dans les réunions peu nombreuses et dans les leçons particulières on ne saurait s'en passer.

Quelques corrections typographiques, importantes sous le rapport de l'harmonie, ont été faites dans les parties vocales, à cela près, cette seconde édition est tout à fait semblable à la première, et ne change en rien la nature de l'ouvrage.

Composé d'une série de morceaux ou leçons de différents genres, il est méthodique et élémentaire par la gradation des difficultés. Destiné à conduire à l'exécution des morceaux d'ensemble les plus difficiles, et à répandre dans la société le goût de la bonne musique, on a cherché à éviter, d'une part, l'abus des phrases scholastiques qui rebutent les amateurs, et de l'autre, l'usage trop fréquent de ces chants faciles a retenir, qui ne forment que des musiciens superficiels et indolents.

On s'est appliqué à y mettre à la portée des voix les fortes combinaisons de l'harmonie instrumentale et toutes les nuances d'expression et d'accent, sans lesquelles l'exécution simultanée manque de couleur et de vie.

Les morceaux faciles y sont dans le style d'église dit a Capella, d'autres, graduellement compliqués y sont dans le style fugué mais libre; on y trouve cependant

une fugue à trois sujets et à quatre parties très diffi-
cile d'exécution, et traitée sévèrement dans le genre d'Han-
del et de Bach; genre presqu'inconnu en France et trop
négligé maintenant, même en Allemagne: quelques morceaux
y rappellent l'école Allemande, la coupe et le carac-
tère des compositions d'Haydn, Mozart et Béthoven: d'autres leçons, enfin, reproduisent, soit le style instrumental
de Boccherini, soit les chants et l'harmonie des morceaux
d'ensemble, dans le goût italien moderne.

Ainsi, conduits progressivement des combinaisons les plus
simples aux plus recherchées les élèves sont initiés, en même tems, aux difficultés matérielles de l'art et aux différents styles dont ces solféges sont une espèce d'appendice.

Nº 1.
Soprano.
Adagio.
Tenore.
Basso.
Nº 2.
1º Soprano.
2do Soprano.
Tenore.
Basso.
Largo.

N.º 3.
Soprano.
Tenore.
Basso.
And.te Cantabile.
f
f
Cres.
Cres.
Cres.

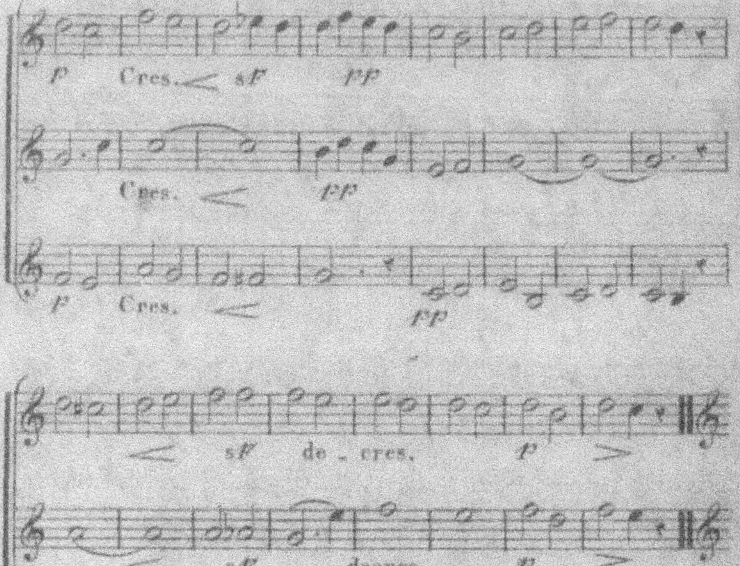

4

Staccato.
FF
Legato.
FF
Staccato.
FF

sf
sf
sf

Staccato.
Staccato.

p
PP
p
PP
Legato
p
PP

FF
FF
Gamme.
Adagio
N.º 4
Soprano
f
Tenore
p
Basso
p
p
p

N.º 5.
Largo.
1.º Soprano.
f
2.do Soprano.
f
Tenore.
Basso.

ff
Mezzo forte.
Mezzo forte.
ff
Mezzo forte.
Mezzo forte.

Cres.
f
Cres.
f
Cres.
Cres.
Nº 6.
Soprano.
Tenore.
Basso.
Moderato.
FF
FF
FF

Legato.

Cres.
Cres.
Cres.
Legato.

p
Cres.
p
Cres.
Cres.
FF
FF
FF

Andante.
N.º 7.
Soprano.
Tenore.
Basso.

1. F.
2. F.
1. F.
2. F.
1. F.
2. F.
P

Adagio cantabile. Trois voix seules.
N.º 8.
Soprano.
Solo.
FF
Tenore.
FF
Basso.
FF
Tutti.
Tutti.
Tutti.
Sostenuto.
Sostenuto.
Sostenuto.

Solo.
Solo.
Solo.
pp
pp
pp
sf
sf
sf
Tutti.
Tutti.
Tutti.
pp
pp
pp

Dim.
Dim.
Dim.
Più mosso.

Gamme.
N.º 9.
Adagio.
Soprano.
Tenore.
Basso.
Cres.
Cres.
Cres.
Rinf.
Rinf.
Rinf.

Dim.
Dim.
Dim.
All.tto Grazioso.
N.o 10.
Soprano.
Tenore.
Basso.
F
F
F
F
F
F

32
Soli.
PP
PP
PP

N.º 11.
1.º Soprano.
2.do Soprano.
Tenore.
Basso.
And.te Grazioso.
f e Espressivo.
f e Espressivo.
f e Staccato.
f e Staccato.

1.e F.
2.e F.
F
1.e F.
2.e F.
F
P
1.e F.
2.e F.
F
P
1.e F.
2.e F.
F
P

FF
FF
FF
FF

46
pp
pp

Con dolcezza.
Con dolcezza.
PP
PP
PP

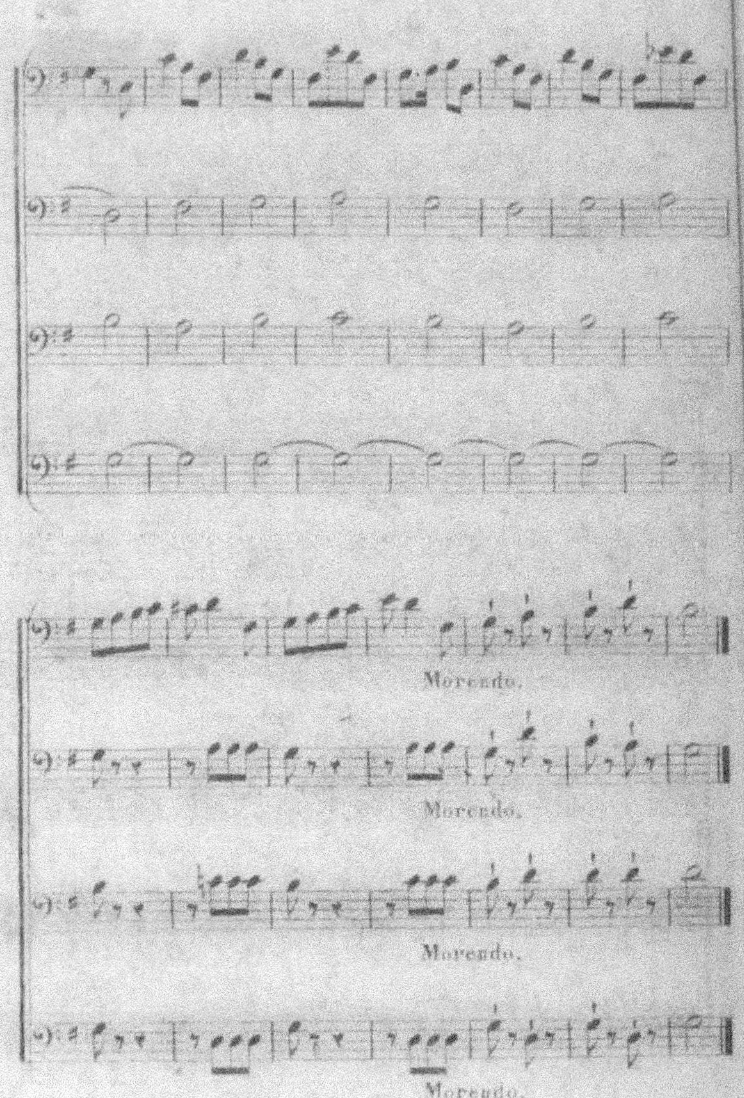

Morendo.
Morendo.
Morendo.
Morendo.

N.º 12.
Soprano.
Tenore.
Basso.
Lent.
f
Cres.
f
Cres.
f
Cres.
F
F
F
decres.
decres.
decres.
p
p
p

50
N.º 13.
1º Soprano
2.do Soprano
Tenore.
Basso.
All.º moderato.
f
f
f
f
p
p
p
p

Dolce.
Dolce.
PP
PP
PP

sf
sf
sf
sf

F
PP
F
PP
F
PP
F
PP

F
F
F
F
P
P
Cres.
Cres.
Cres.
F
F
F

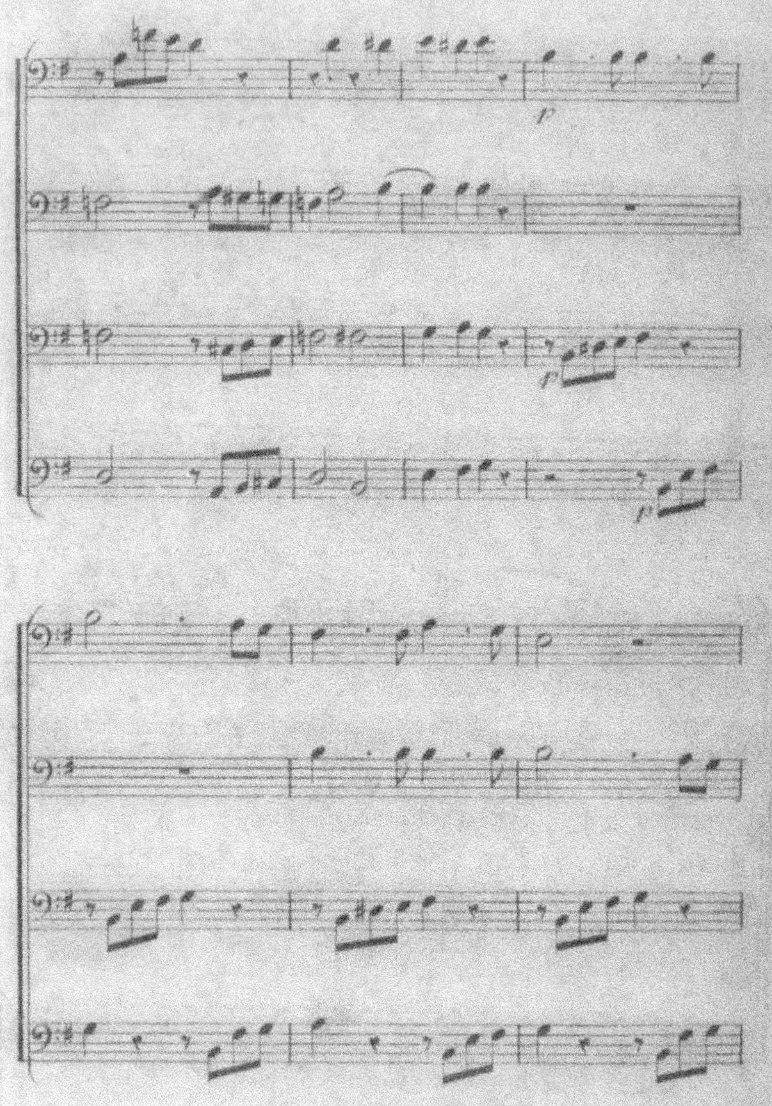

FP
Cres. F F
FP
Cres. F FP
Cres. F FF
Cres. F FP

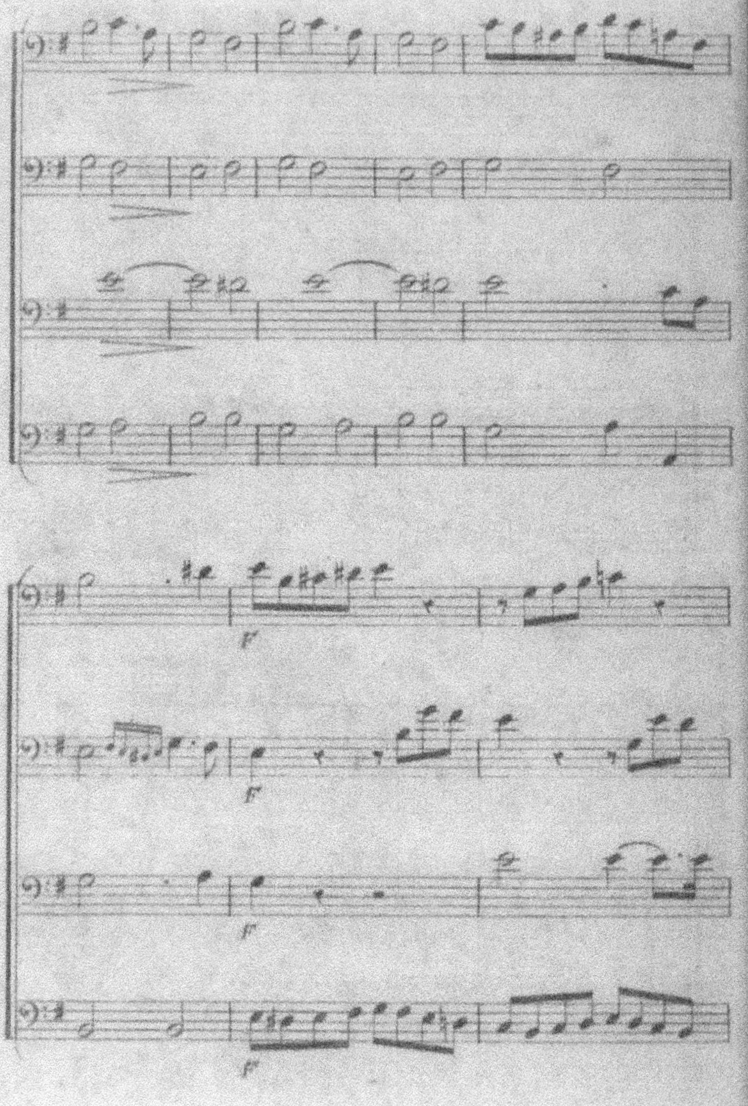

FF
FF
FF
FF

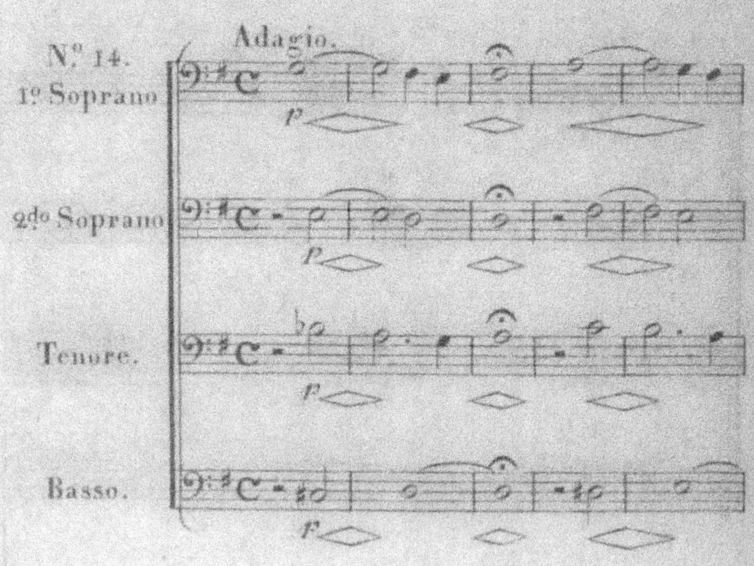
Adagio.
Nº 14.
1º Soprano
P
2.do Soprano
P
Tenore.
P
Basso.
P

FP
Cres.
F
FP
Cres.
F
FP
Cres.
F
FP
Cres.
F
Moderato.
FP
FP

p
p
p
p

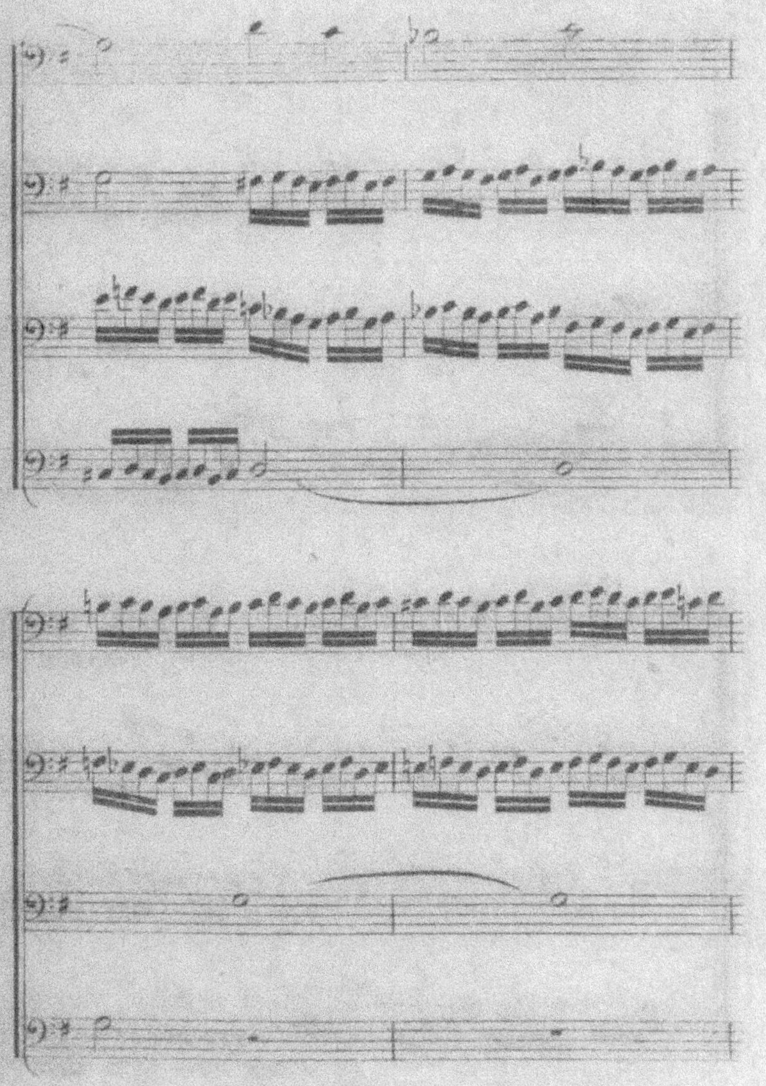

stretta più mosso.

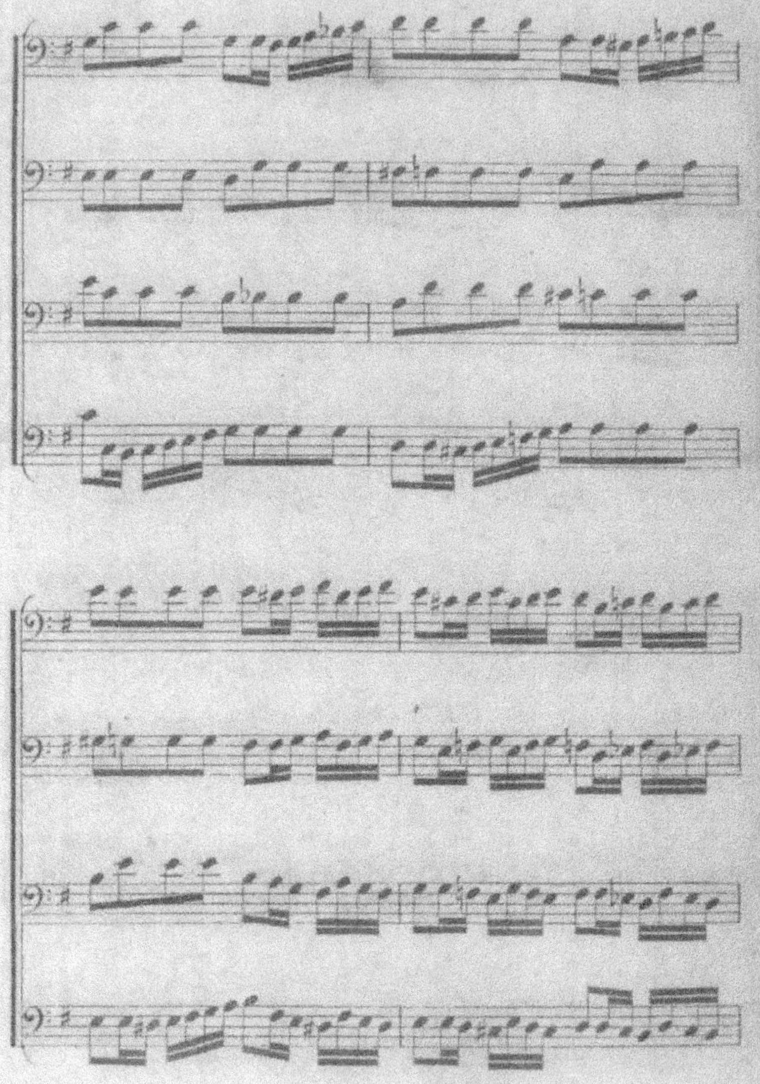

Gamme.
Adagio.
N.º 15.
Soprano.
Tenore.
Basso.
Decres.
Decres.
Decres.

Adagio Cantabile.

N.º 16.
1.º Soprano.

2.do Soprano.

Tenore.

Basso.

Andantino.

A deux parties.
Con gusto.
Soprano.
Tenore.
e
Basso.
p

à quatre.
1º Soprano.
2do Soprano.
Tenore.
Basso.

Cres.
Cres.
Cres.
Cres.
F
F
F
F

F
F
F
F
p
p
p

PP
PP
PP
PP

Gamme.
Andante.
N.º 17.
Soprano.
Tenore.
Basso.
Cres.
Cres.
Cres.

Dim:
Dim:
Dim:
FF
FF
FF
Lamentabile.
Andante.
N.º 18.
1.º Soprano.
Con espressione.
2.do Soprano.
p
Tenore.
p
Basso.
p

Cantabile.

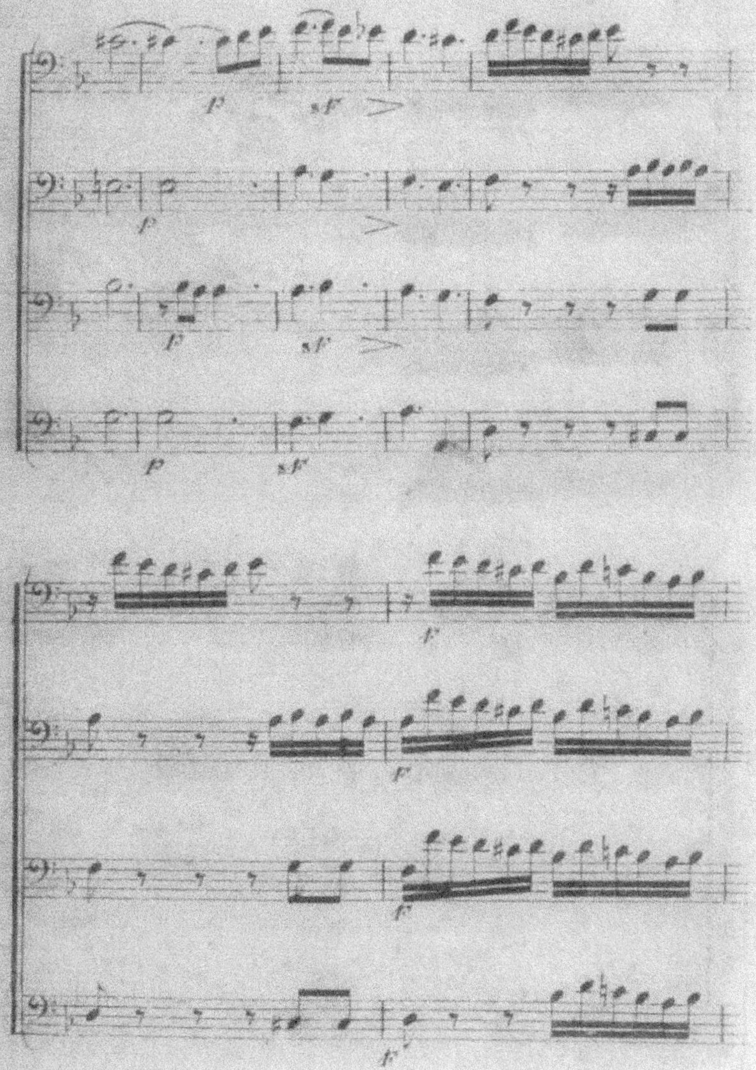

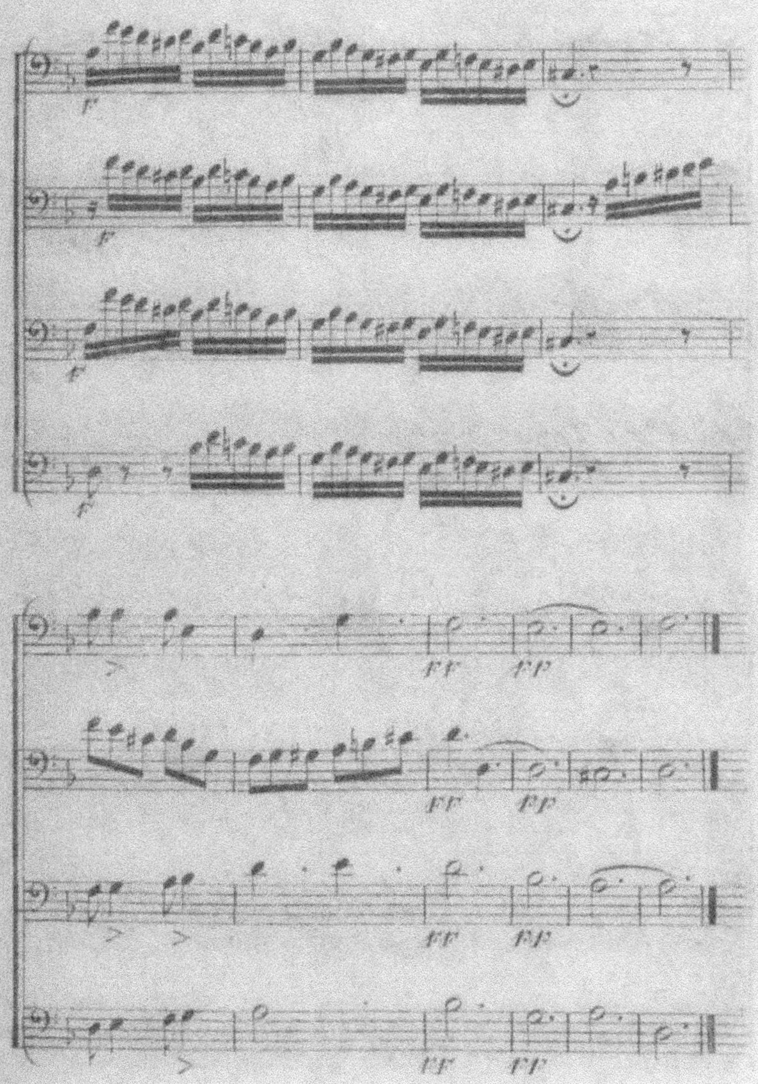

Gamme.
N.º 19.
Cantabile.
Soprano.
Cres.
Tenore.
p
Cres.
Basso.
p
Cres.
Cres.
f
Cres.
Cres.
f
Cres.
Decres.
p
Decres.
f
Decres.
f

N.º 20.
Adagio.
1.º Soprano.
2.do Soprano.
Tenore.
Basso.

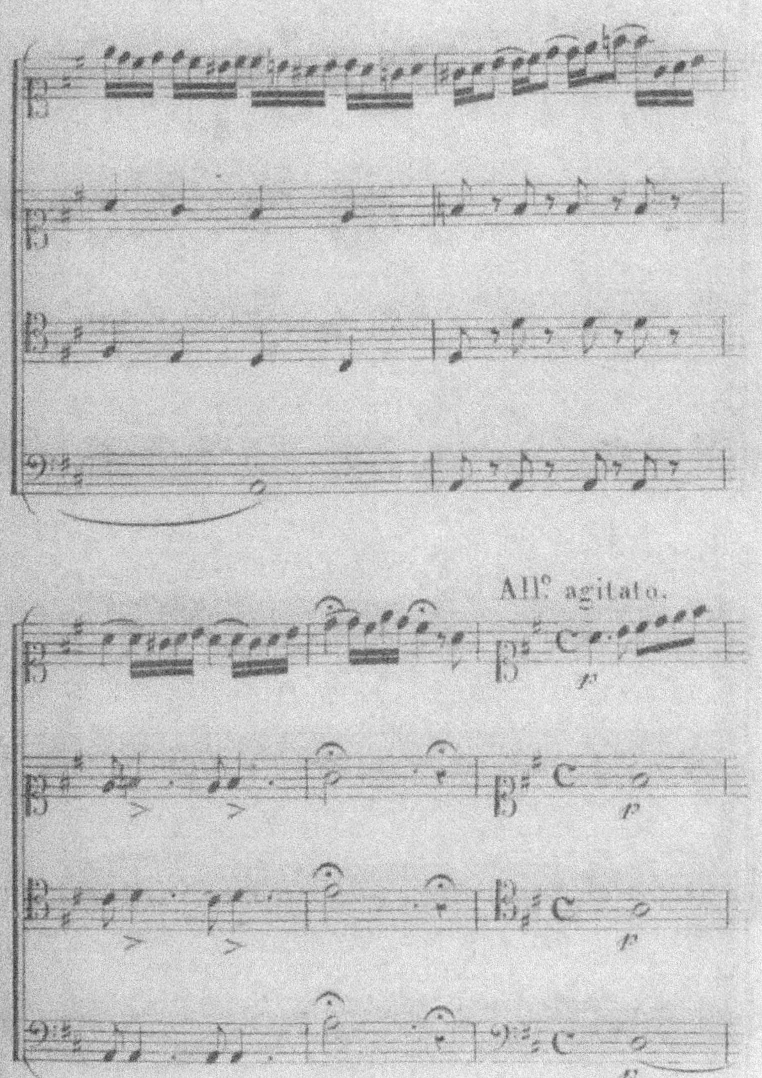
Allo agitato.

sf
F
sf
sf
sf

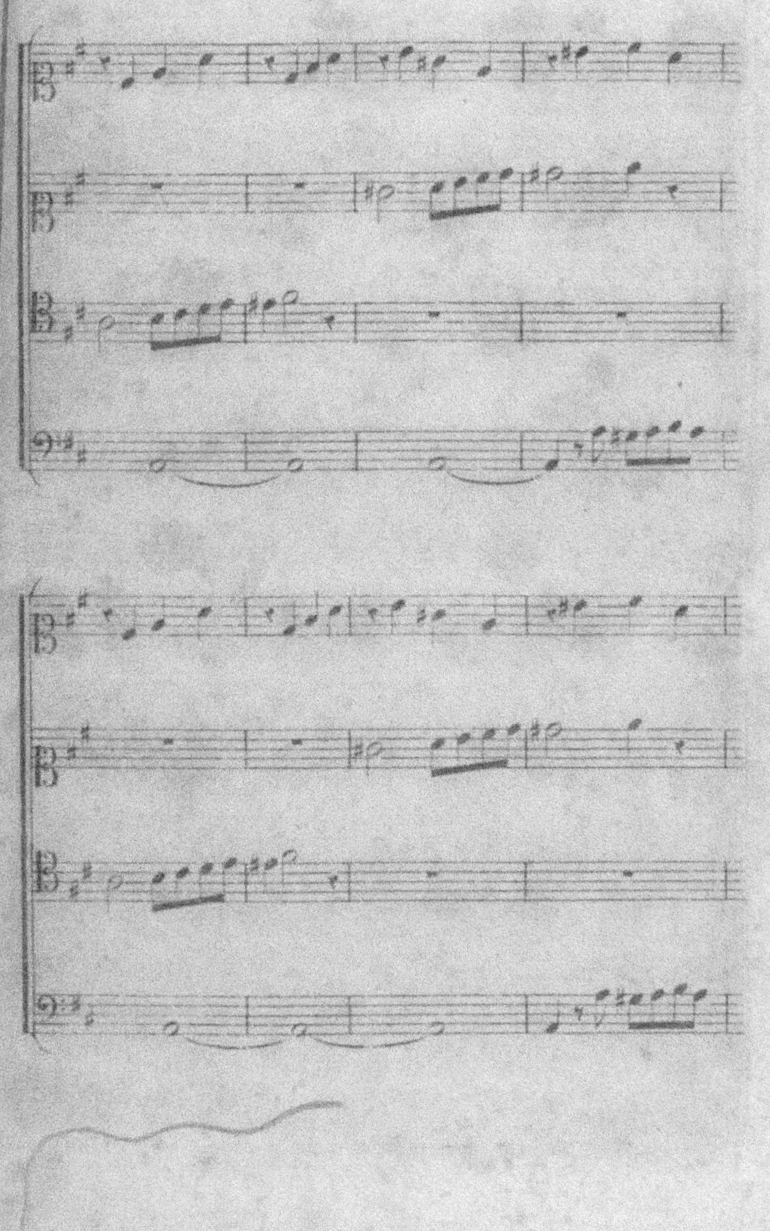

FF
FF
FF
FF
F

Gamme.
Adagio.
N.° 21.
Soprano.
Tenore.
Basso.

Tempo di Minuetto.
All° vivace.
N.° 22.
1.° Soprano.
2.do Soprano.
Tenore.
Basso.

1.re F.   2.me F.
1.re F.   2.me F.
1.re F.   2.me F.
1.re F.   2.me F.

Cres.
Cres.
Cres.
Cres.

p
p
f
pp
pp
Cres.
pp
Cres.
pp
Cres.
pp
Cres.

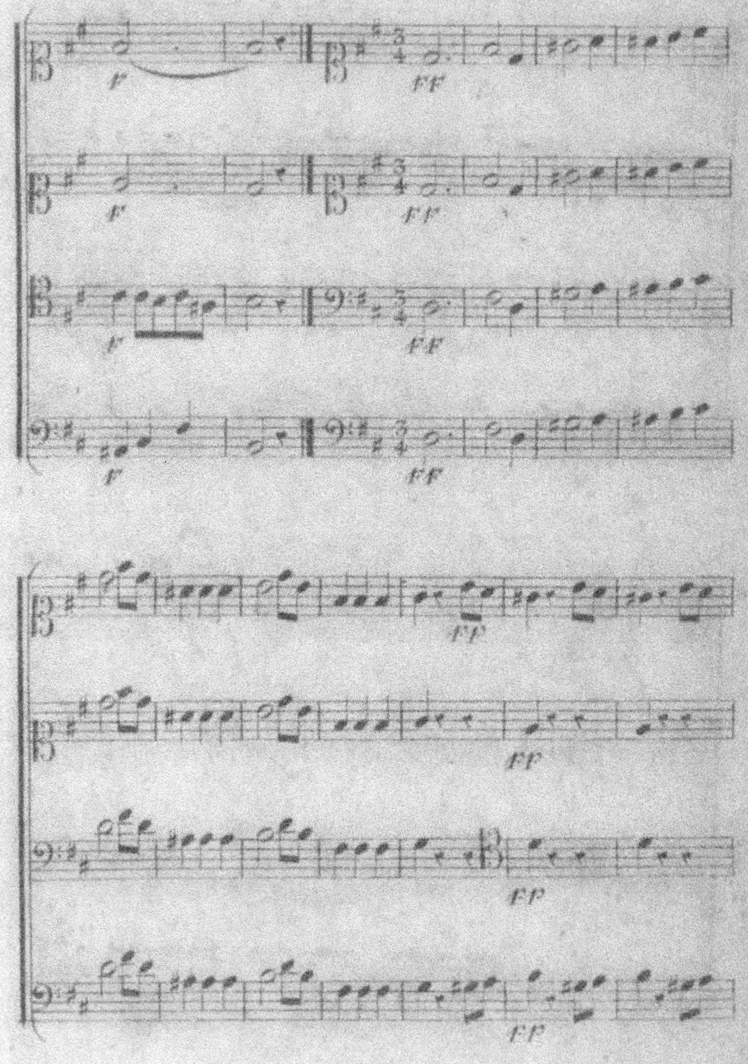

FF

f
Cres.
f
Cres.
f
Cres.
f
Cres.

ff

FP
FP
FP
F
F
F
F
1.F. 2.F.
1.F. 2.F.
1.F. 2.F.
1.F. 2.F.

Cres.
Cres.
p
Cres.
p
Cres.

pp
p
pp
p
pp
ff
ff
p
ff
Cres.
Cres.
Cres.
p
Cres.
f

142
Gamme.
Cantabile.
N.º 23.
Soprano.
Tenore.
Basso.
pp
pp
pp
Cres.
Cres.
Cres.
pp
pp
pp

N.º 24.
Allegro.
1º Soprano.
2.do Soprano.
Tenore.
Basso.

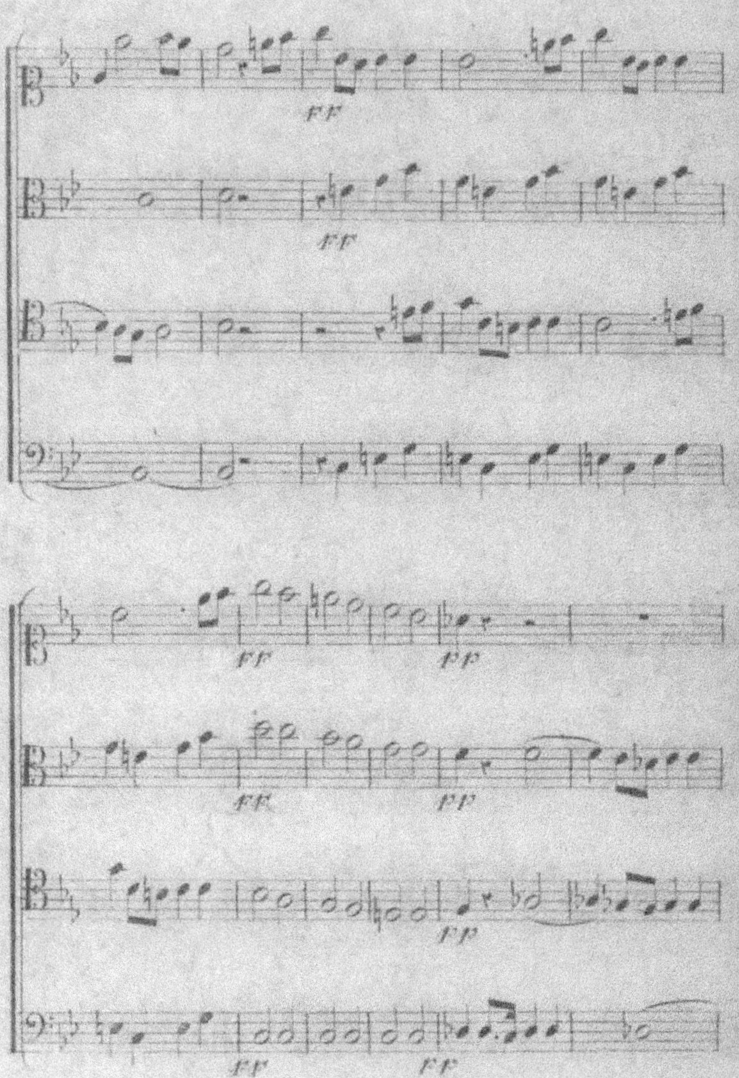

Cres.
Cres.
Cres.

Cres.   sF
Cres.   sF
Cres.   sF

p
p
p
p

Cres.
Cres.
Cres.
Cres.

Cres.	sf	f
Cres.	sf	f
Cres.	sf	f
sf	f

Cres.
Cres.
Cres.
Cres.
Cres. sf   f
Cres. sf   f
Cres. sf   f
Cres. sf   f

FP
FP
FP
FP
Gamme.
N.º 25.
Soprano.
Agitato.
p
p
p

164
Tempo di Bolero.
Andante.
N.º 26.
Soprano.
Basso.
Staccato.
Staccato.
Staccato.
f
f
f

Cres.
Cres.
Cres.

CANTIQUE.

Adagio maestoso.
Cres.
Soprano solo.
pp
Du roi des rois célébrons
Cres.
1º Soprano.
pp
Du roi des rois
Cres.
2do Soprano.
pp
Du roi des rois
Cres.
Tenore.
pp
Du roi des rois
Cres.
Basso.
Du roi des rois
(L'accompagnement de harpe ou
de piano est indispensable.)
la gran-deur il vient
cé-lé-brons la gran-deur il vient
cé-lé-brons la gran-deur il vient
cé-lé-brons la gran-deur il vient
cé-lé-brons la gran-deur il vient

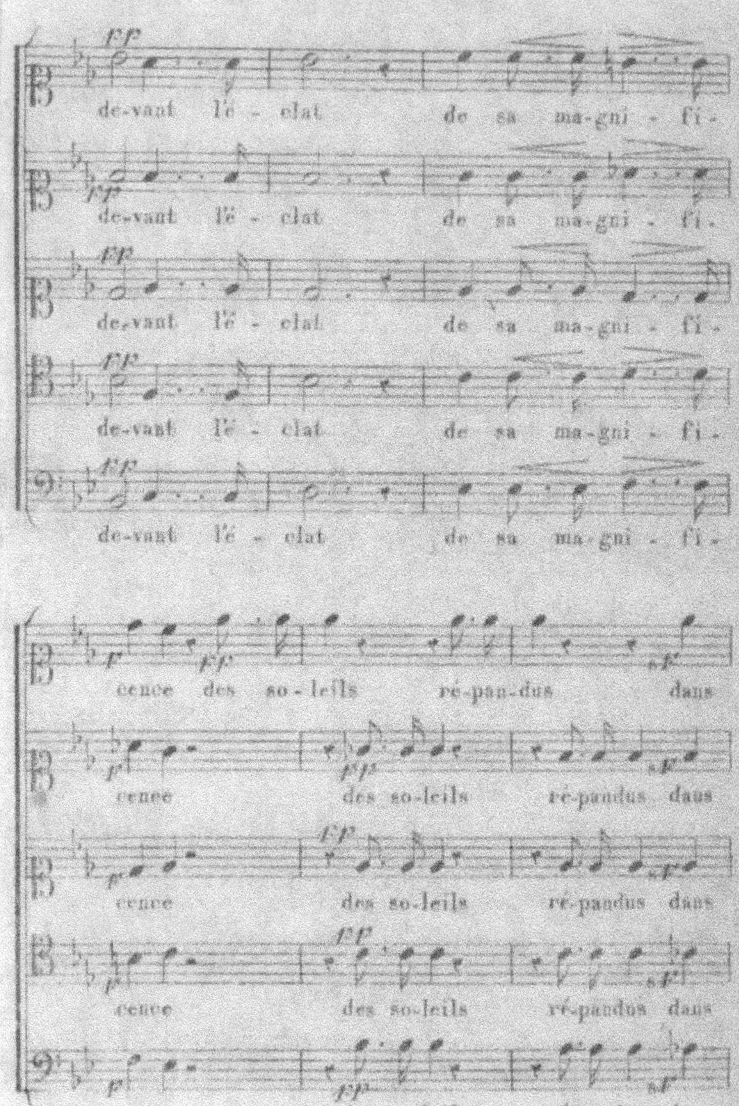
de-vant l'é - clat de sa ma-gni - fi-
de-vant l'é - clat de sa ma-gni - fi-
de-vant l'é - clat de sa ma-gni - fi-
de-vant l'é - clat de sa ma-gni - fi-
de-vant l'é - clat de sa ma-gni - fi-
cence des so-leils ré-pan-dus dans
cence des so-leils ré-pandus dans
cence des so-leils ré-pandus dans
cence des so-leils ré-pandus dans
cence des so-leils ré-pandus dans

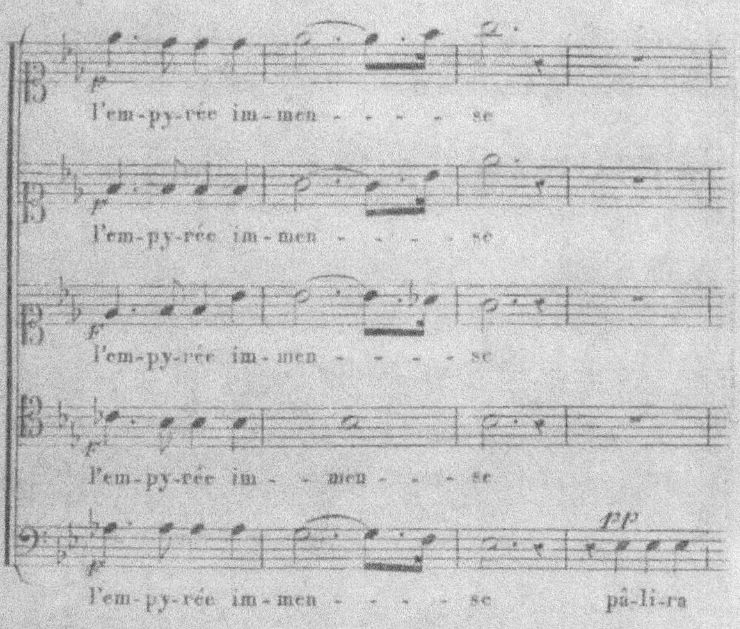
l'em-py-rée im-men - - - - se
l'em-py-rée im-men - - - se
l'em-py-rée im-men - - - - se
l'em-py-rée im - - men - - se
l'em-py-rée im-men - - - - se   pâ-li-ra

1º Soprano.
pâ - li-ra
pâ - li-ra   la splen-deur
pâ - li-ra   la splen-deur
la splen-deur

pâ - li-ra la splen - deur
la splendeur la splen - deur
pâ - li-ra la splen - deur
pâ - li-ra la splen - deur
pâ - li-ra la splen - deur
And.te maestoso.
Soprano solo.
Son or-dre sou-ve - rain a
dit à la lu - miè-re pa - rais le feu sou-
dain s'é-lan - ce et nous é - clai-re et
l'é - ternel - le nuit au jour qui la poursuit cé -

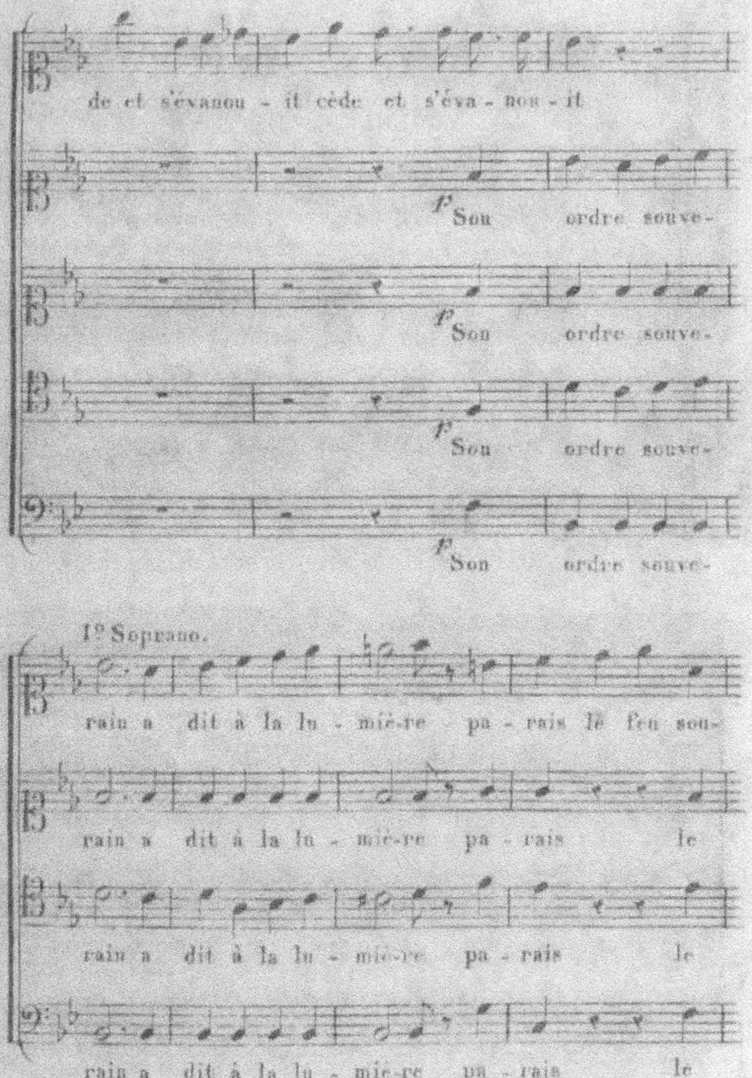
de et s'évanou - it cède et s'éva - nou - it
f Son ordre souve-
f Son ordre souve-
f Son ordre souve-
f Son ordre souve-
1° Soprano.
rain a dit à la lu - miè-re pa - rais lé feu sou-
rain a dit à la lu - miè-re pa - rais le
rain a dit à la lu - miè-re pa - rais le
rain a dit à la lu - miè-re pa - rais le

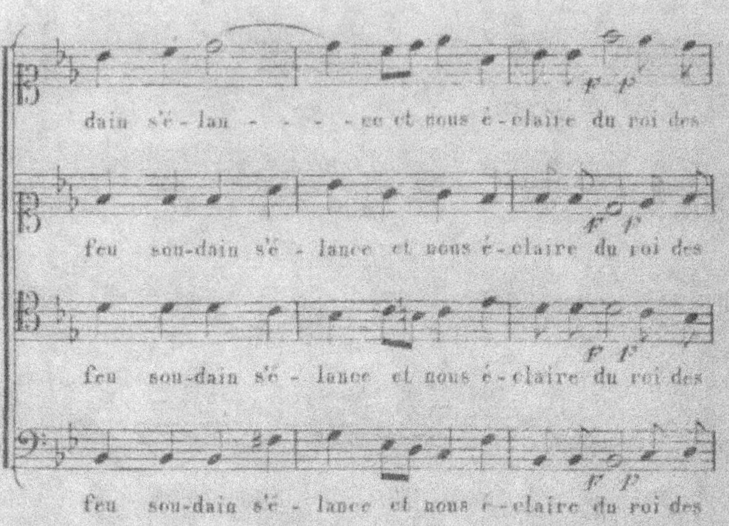
dain s'é-lan - - - - -ce et nous é-claire du roi des
feu sou-dain s'é - lance et nous é-claire du roi des
feu sou-dain s'é - lance et nous é-claire du roi des
feu sou-dain s'é - lance et nous é-claire du roi des

rois du roi des rois cé - lé-brons la gran-
rois du roi des rois cé - lé-brons la gran-
rois du roi des rois cé - lé-brons la gran-
rois du roi des rois cé - lé-brons la gran-

deur du roi des rois du roi des rois cé-
deur du roi des rois du roi des rois cé-
deur du roi des rois du roi des rois cé-
deur du roi des rois du roi des rois cé-
Soprano solo.
le-brons la gran - deur. Du haut des cieux ou-
le-brons la gran - deur.
le-brons la gran - deur.
le-brons la gran - deur.

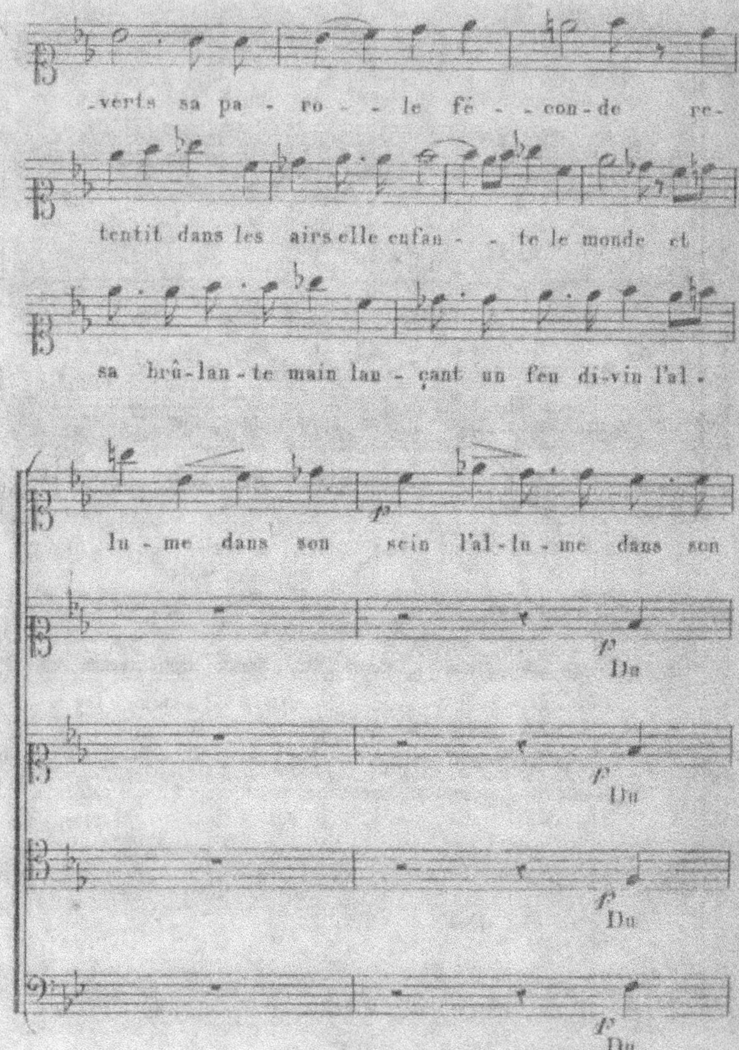

..verfs sa pa - ro - - le fé - - con-de re-
tentit dans les airs elle enfan - - te le monde et
sa brû-lan - te main lan - çant un feu di-vin l'al-
lu - me dans son sein l'al-lu - me dans son
Du
Du
Du
Du

sein
haut des cieux ou - verts sa pa - ro - le fé-
haut des cieux ou - verts sa pa - ro - le fé-
haut des cieux ou - verts sa pa - ro - le fé-
haut des cieux ou - verts sa pa - ro - le fé-
I° Soprano.
cou - de re - - - ten - tit dans les
cou - de re - ten - - tit dans les
cou - de re - ten - - tit dans les
cou - de re - ten - - tit dans les

airs elle enfan - - - - te le monde du roi des
airs elle enfan - te le monde du roi des
airs elle enfan - te le mon-de du roi des
airs elle enfan - te le mon-de du roi des
rois du roi des rois cé - lébrons la gran-
rois du roi des rois cé - lébrons la gran-
rois du roi des rois cé - lébrons la gran-
rois du roi des rois cé - lébrons la gran-

deur du roi des rois du roi des rois cé-
deur du roi des rois du roi des rois cé-
deur du roi des rois du roi des rois cé-
deur du roi des rois du roi des rois cé-
Sop: solo. Animé
lébrons la gran - deur. Dans son fougueux é-
lébrons la gran - deur.
lébrons la gran - deur.
lébrons la gran - deur.

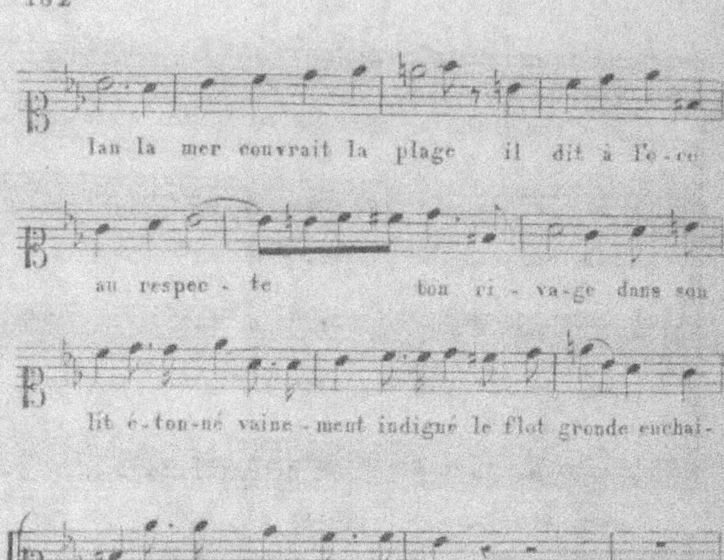
lan la mer couvrait la plage il dit à l'o-cé
au respec - te ton ri - va-ge dans son
lit é-ton-né vaine - ment indigné le flot gronde enchaî-

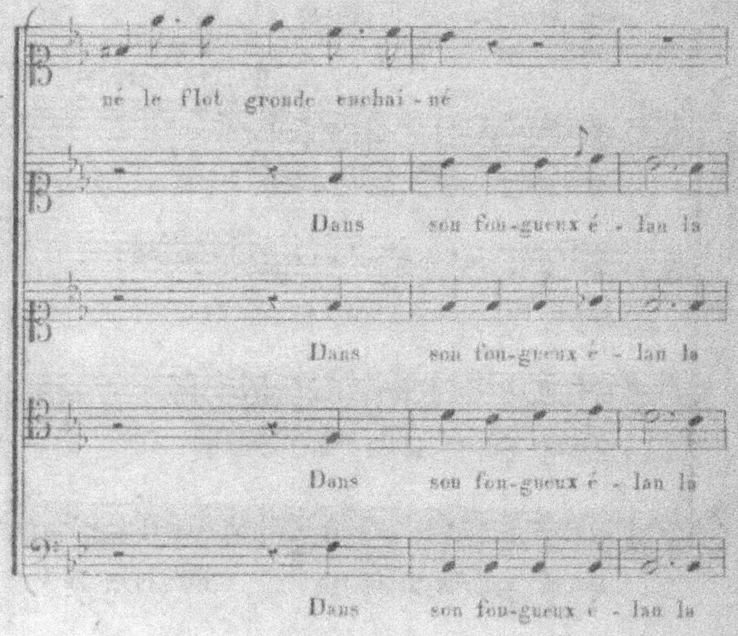
né le flot gronde enchaî - né
Dans son fou-gueux é - lan la
Dans son fou-gueux é - lan la
Dans son fou-gueux é - lan la
Dans son fou-gueux é - lan la

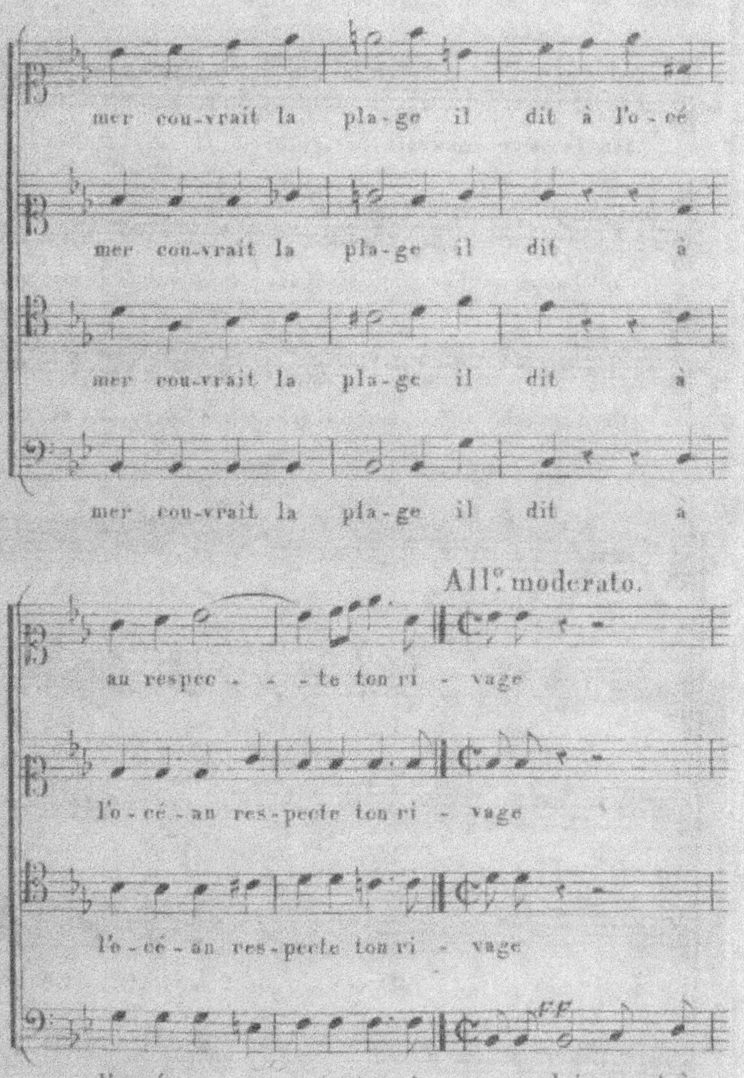
mer cou-vrait la pla-ge il dit à l'o-cé
mer cou-vrait la pla-ge il dit à
mer cou-vrait la pla-ge il dit à
mer cou-vrait la pla-ge il dit à
Allº moderato.
au respec - - -te ton ri - vage
l'o-cé-an res-pecte ton ri - vage
l'o-cé-an res-pecte ton ri - vage
l'o-cé-an res-pecte ton ri - vage gloire au très

Basso.

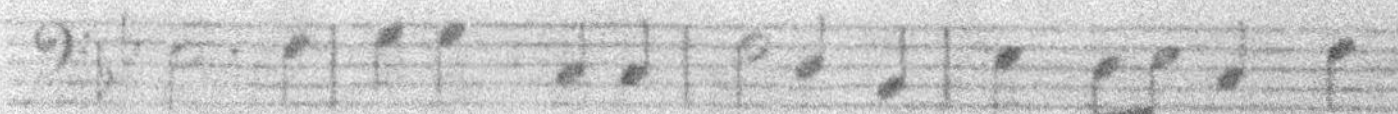
haut cé - lébrons ses ou-vrages que son nom soit bé -

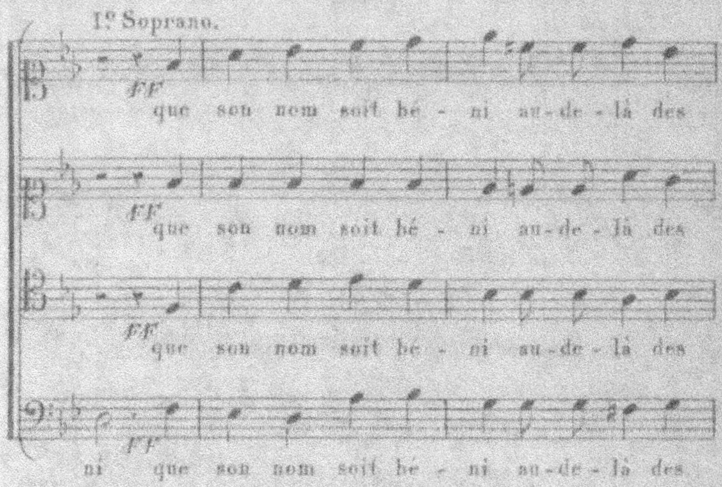
1º Soprano.
FF
que son nom soit bé - ni au-de - là des
FF
que son nom soit bé - ni au-de - là des
FF
que son nom soit bé - ni au-de - là des
FF
ni que son nom soit bé - ni au-de - là des

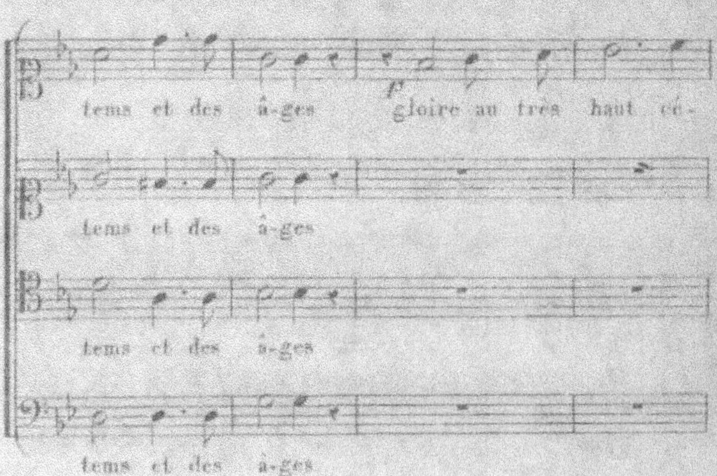
tems et des â-ges gloire au très haut cé -
tems et des â-ges
tems et des â-ges
tems et des â-ges

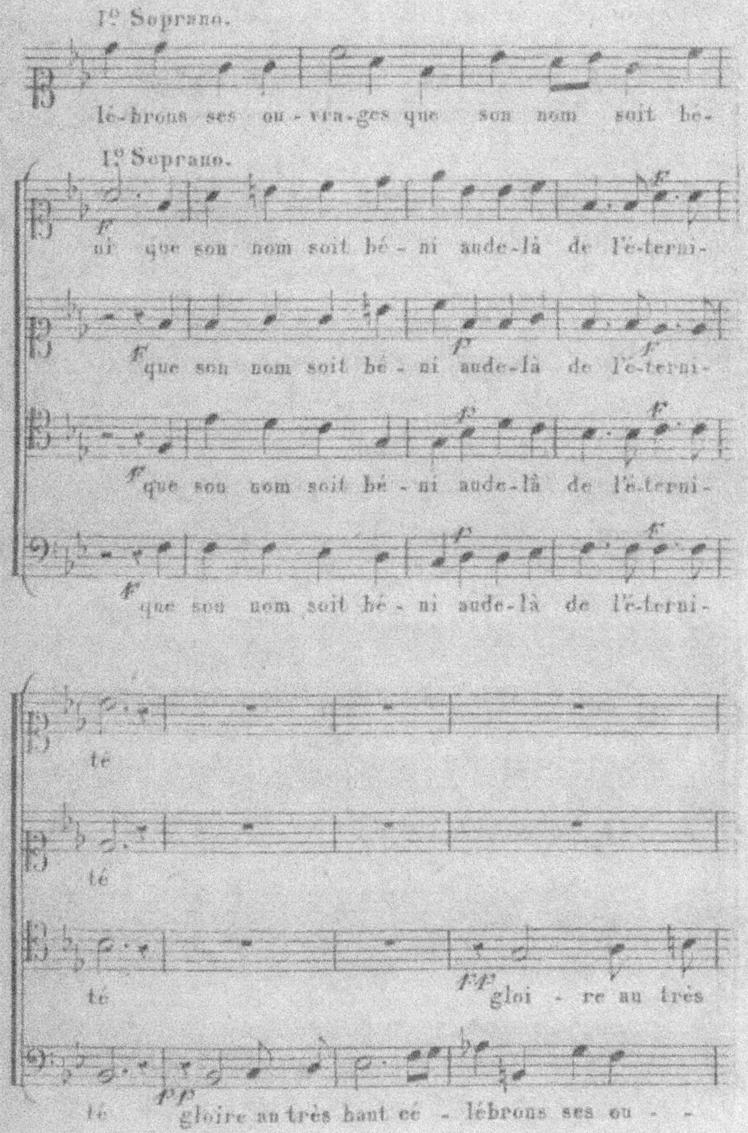
1º Soprano.
lé-brons ses ou-vra-ges que son nom soit bé-
1º Soprano.
ni que son nom soit bé-ni au-de-là de l'é-terni-
que son nom soit bé-ni au-de-là de l'é-terni-
que son nom soit bé-ni au-de-là de l'é-terni-
que son nom soit bé-ni au-de-là de l'é-terni-
té
té
té gloi-re au très
té gloire au très haut cé-lébrons ses ou-

gloi - re au très haut cé -
haut cé - lébrons ses ou - - - - - - vra - - - - - - - - - - - - ges
gloi - - re au très haut cé - lébrons ses ou -
lébrons ses ou - - vra - - - ges
vra - - - - - ges que son
célé -

vra - ges que son nom soit bé - -
que son nom soit bé - ni
nom soit bé - - - ni au - de - -
brons ses ou - - - vra - - ges que son
ni au - de - là des tems et des â - - -
au - de - - là des tems et des â - - -
là des tems et des â - - -
nom soit be - ni aude - là des tems et des

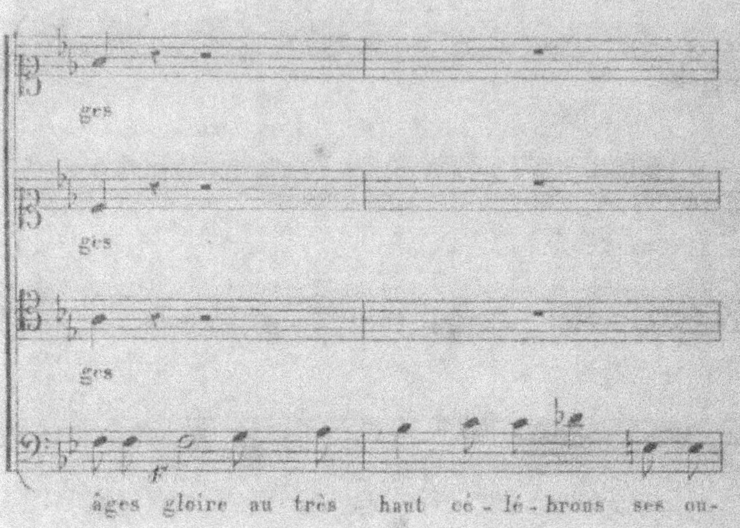
ges
ges
ges
âges gloire au très haut cé - lé - brons ses ou -

gloire au très haut cé - lé - brons ses ou -
gloire au très haut cé - lé - brons ses ou -
gloire au très haut cé - lé - brons ses ou -
- - - vra - - - - - - - - - - - - -

vra - ges
vra - ges
vra - ges
ges gloire au très haut cé - lé - brons ses ou-

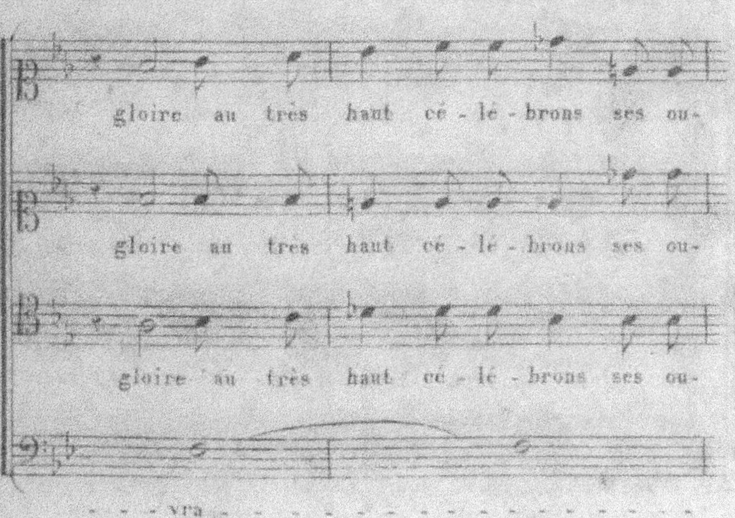
gloire au très haut cé - lé - brons ses ou-
gloire au très haut cé - lé - brons ses ou-
gloire au très haut cé - lé - brons ses ou-
- - - vra - - - - - - - - - - - - - - - -

vra - ges
que son nom
vrages que son nom soit béni que son
vrages que son nom soit bé - ni que son
ges
soit bé - ni
nom que son nom soit bé - - ni
nom que son nom soit bé - - ni
que son nom soit bé - - ni gloire au très

gloire au très
gloire au très
gloire au très
haut cé - lé - brons ses ou - - - - vra - - -
haut cé - lé - brons ses ou - vra - ges
haut cé - lé - brons ses ou - vra - ges
haut cé - lé - brons ses ou - vra - ges
- - - - - - - - - ges gloire au très

gloire au très
gloire au très
gloire au très
haut cé - lé - brons ses ou - - - vra - - - -
haut cé - lé - brons ses ou - vra - ges que son nom
haut cé - lé - brons ses ou - vra - ges
haut cé - lé - brons ses ou - vra - ges
- - - - - - - - - - ges que son

soit bé-ni que son
que son nom
que son nom que son
nom soit bé - ni que son nom que son
nom soit bé - ni au-de - là au-de - là des
nom soit bé - ni au-de - là au-de - là des
nom soit bé - ni au-de - là au-de - là des
nom soit bé - ni au-de - là au-de - là des

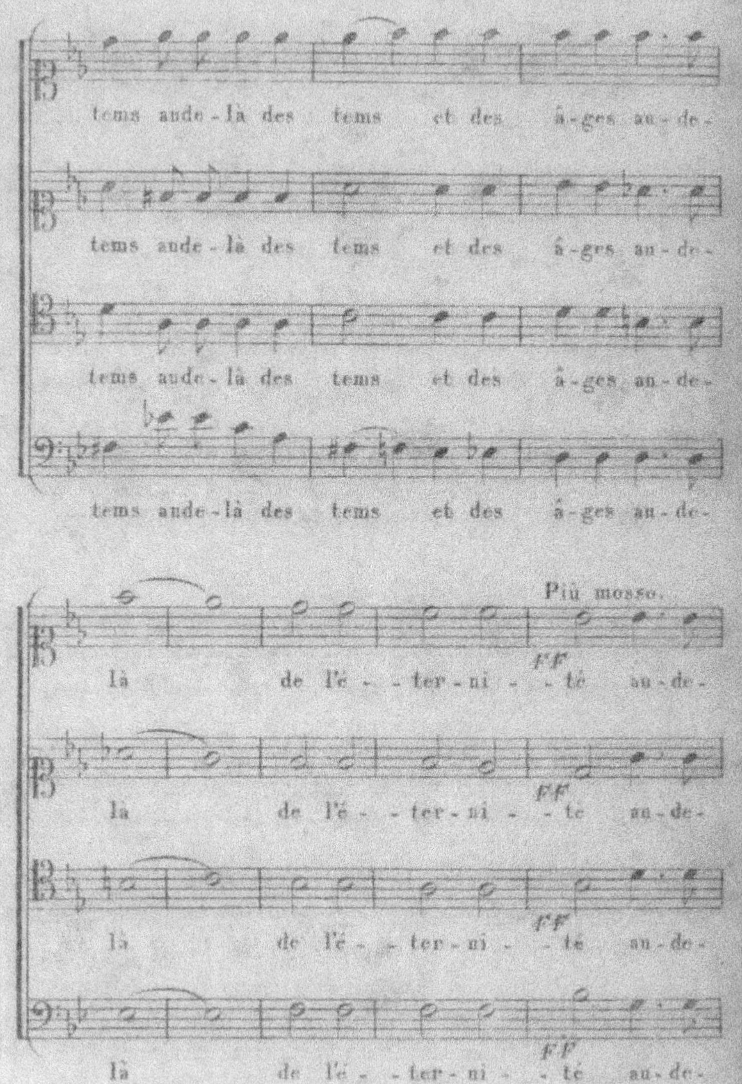
tems au de-là des tems et des â-ges au-de-
tems au de-là des tems et des â-ges au-de-
tems au de-là des tems et des â-ges au-de-
tems au de-là des tems et des â-ges au-de-
Più mosso.
là de l'é - -ter-ni - -té au-de-
FF
là de l'é - -ter-ni - -té au-de-
FF
là de l'é - -ter-ni - -té au-de-
FF
là de l'é - -ter-ni - -té au-de-
FF

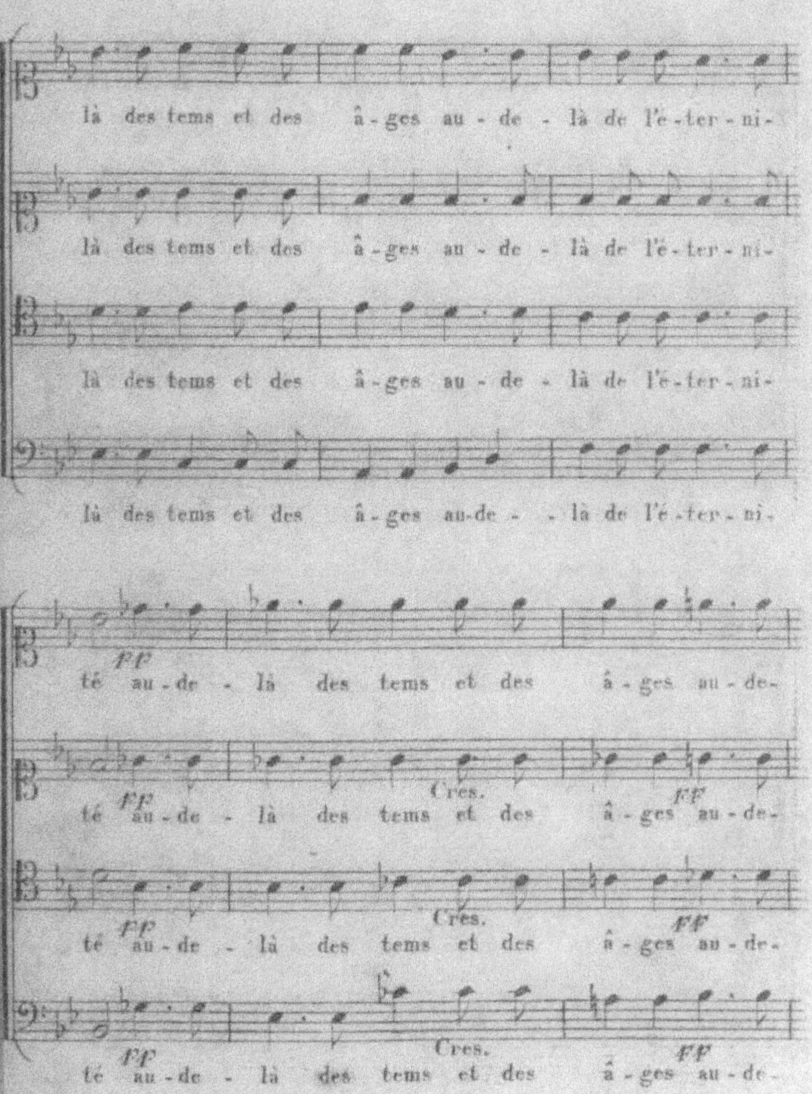
là des tems et des â-ges au-de-là de l'é-ter-ni-
là des tems et des â-ges au-de-là de l'é-ter-ni-
là des tems et des â-ges au-de-là de l'é-ter-ni-
là des tems et des â-ges au-de--là de l'é-ter-ni-
FF
té au-de-là des tems et des â-ges au-de-
FF Cres. FF
té au-de-là des tems et des â-ges au-de-
FF Cres. FF
té au-de-là des tems et des â-ges au-de-
FF Cres. FF
té au-de-là des tems et des â-ges au-de-

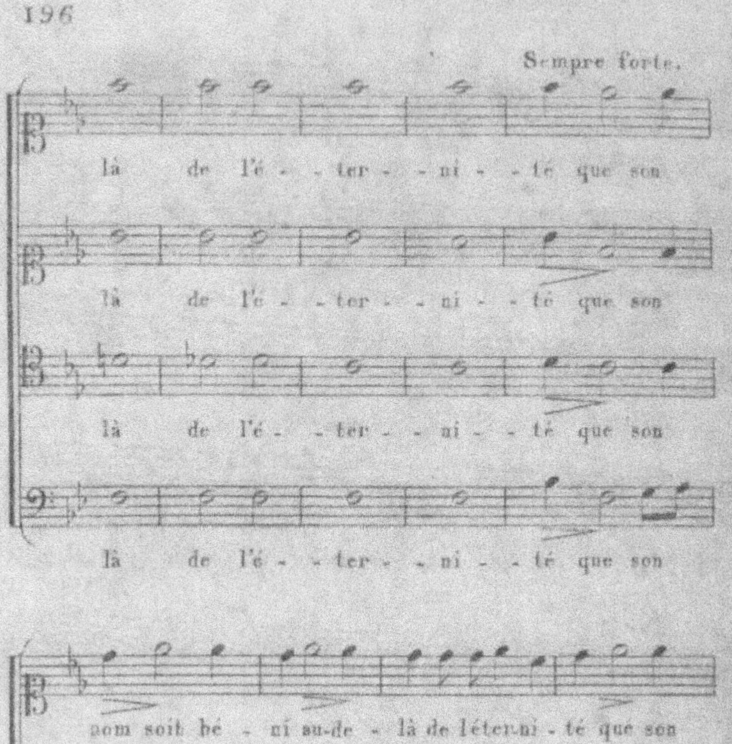
Sempre forte.
là de l'é - ter - ni - té que son
là de l'é - ter - ni - té que son
là de l'é - ter - ni - té que son
là de l'é - ter - ni - té que son

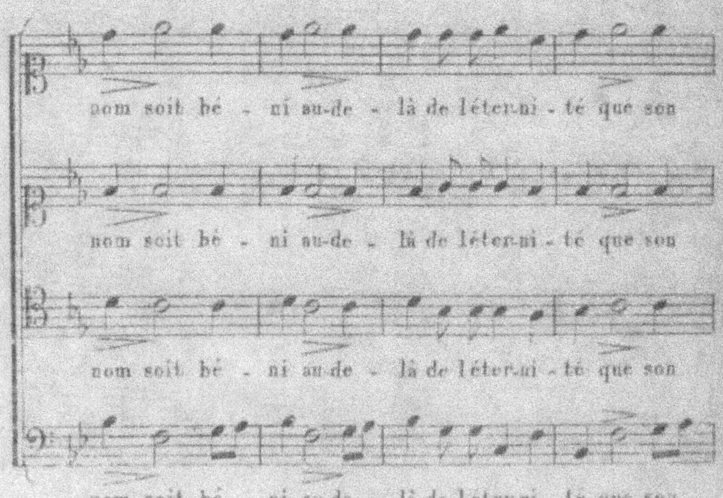
nom soit bé - ni au-de - là de l'éter-ni - té que son
nom soit bé - ni au-de - là de l'éter-ni - té que son
nom soit bé - ni au-de - là de l'éter-ni - té que son
nom soit bé - ni au-de - là de l'éter-ni - té que son

nom soit bé - ni au-de - -là de l'é-ter-ni-
nom soit bé - ni su-de - -là de l'é- ter-ni-
nom soit bé - ni au-de - -là de l'é-ter-ni-
nom soit bé - ni au-de - -là de l'é-ter-ni-
té au - de-là de l'é - ter-ni - -té.
té au - de-là de l'é - ter-ni - -té.
té au - de-là de l'é - ter-ni - -té.
té au - de-là de l'é - ter-ni - -té.